# SUR L'AMNISTIE.

---

## MÉMOIRE

### A LA CHAMBRE DES PAIRS.

IMPRIMERIE DE BEAULÉ ET JUBIN,
rue du Monceau Saint-Gervais, n° 8.

# SUR L'AMNISTIE.

---

## MÉMOIRE

### A LA CHAMBRE DES PAIRS.

Par A. F. GUILLEREZ,

Auteur d'une Notice suivie d'Élégies, sur M. de Pougens.

Union et Oubli !
Louis XVIII.

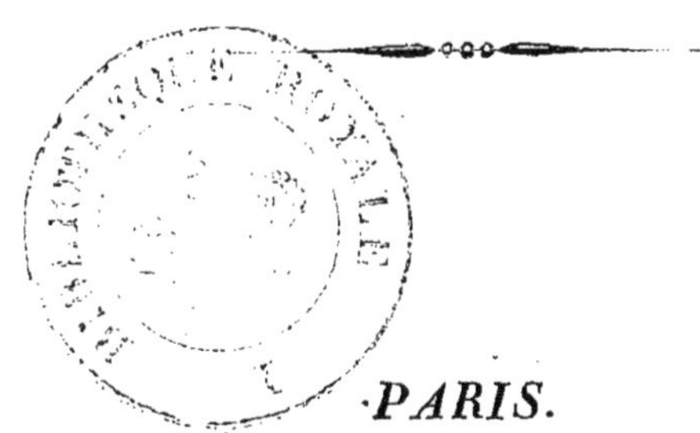

PARIS.

CHEZ L'AUTEUR, RUE DES MOULINS, N° 30 ;
ET A LA LIBRAIRIE DE JULES BRÉAUTÉ,
Passage Choiseul, n° 60.

---

1834.

# SUR L'AMNISTIE.

## MÉMOIRE

### A LA CHAMBRE DES PAIRS.

Union et Oubli !

Louis XVIII.

Amnistie ! c'est le cri de la France... Incertaine sur le présent, inquiète sur l'avenir, tourmentée depuis quatre ans de discordes civiles, Rachel inconsolable de la mort de ses fils, elle tend vers le trône ses deux mains suppliantes, et ne cesse de demander par toutes les voies de la presse, oubli des fautes passées, oubli des mutuelles injures, paix durable et garantie, trève de sang et de cachots, *amnistie ! ! !* Hier le canon grondait encore dans les deux cités les plus florissantes du royaume, et, comme pour donner un joyeux spectacle à l'Europe monarchique, on voyait deux armées de soldats français descendre dans la même arène pour s'entr'égorger au nom de la patrie ! ! ! Des ordres impitoyables avaient irrité toutes les vengeances ; des deux parts on se bat-

tait avec l'acharnement que donnent deux principes ennemis. Et pourtant de quoi s'agissait-il
dans ce duel à outrance? Il s'agissait d'une question de *souveraineté du peuple* et d'*ordre public;*
question vitale, inscrite également sur le drapeau
des révoltés et sur celui du gouvernement. Nous
ne parlons pas ici au nom d'un parti, mais au
nom de la bonne foi et de la raison. Le pouvoir issu des barricades, ne peut pas renier son
principe constitutif, et les républicains dans leurs
feuilles n'ont jamais fait l'apostolat de l'anarchie. Les partis en guerre étaient tous deux sur
le terrain de la véritable légitimité, la *souveraineté du peuple;* des deux côtés la même cocarde, des deux côtés le même cri : *Vive la nation!!!* Pourquoi donc la guerre, et surtout cette
guerre sans entrailles, qui tue les frères et poursuit
les vaincus après la victoire, emplit les cachots de
suspects, interroge tous les visages tristes, et per-
met à peine le deuil sur l'assassinat d'un père ou
d'un ami? La querelle entre les républicains et
le gouvernement n'est pas non plus une querelle
dé personnes, et le principe est le même : encore
une fois, pourquoi donc la guerre? Nous le disons
avec toute la conviction d'un cœur plein d'amer-
tume, la nationalité périclite sérieusement dans
ces luttes civiles, et c'est le meilleur sang de la
France qui coule, non pour son profit, mais pour

sa perte ; non pour la gloire, mais pour la honte
et le remords... Songeons-y, patriotes de toutes
les couleurs, patriotes même du pouvoir, car il
en est, j'en suis sûr, qui cherchent à concilier la
patrie et le pouvoir, l'Europe nous garde des rancunes depuis Juillet ; elle a grossi ses armées :
n'ébrêchons pas nous-mêmes nos frontières, n'é-
claircissons pas nos rangs par le canon, et gar-
dons nos boulets pour nos vrais ennemis... Que
si les rois voulaient suivre les conseils que leur
envoie l'*expérience* au nom du pauvre duc de
Modène, et s'avisaient par hasard d'attaquer quelque jour nos avant-postes du Rhin, qu'ils ap-
prennent qu'on ne morcelle pas aussi facilement
la France en fait qu'en théorie. Laissons-les oc-
cuper leurs loisirs à découper, suivant leur fantaisie, la carte de nos départemens ; là se borne
toute leur audace. Pour nous, cessons un état de
choses qui compromet notre avenir.

---

Quand on est mal à l'aise dans ses foyers, on n'a
plus le bras bien fort pour repousser l'invasion
étrangère, ni le cœur bien libre pour compâtir
aux douleurs et aux besoins des autres nations ;
ainsi donc le repos au dedans si nous voulons la
paix du dehors. Lorsque la guerre civile éteindra
ses torches, nous serons alors *les affranchisseurs*

*du monde,* et nous promènerons notre propagande de l'un à l'autre pôle. Jusqu'à ce temps, que nous appelons de tous nos vœux, nous ne pourrons présenter à l'Europe que l'image d'un peuple indocile et changeant, chez qui tout passe de mode, les rois comme la liberté ; peuple de dangereux exemple, qu'on se gardera bien d'imiter, tant on aura crainte de ses crimes et de ses malheurs!

---

Était-ce là, je vous le demande, hommes de bonne foi, que devait nous amener une révolution si noblement commencée, si magnifiquement célébrée dans toutes les langues; et devions-nous, le lendemain, nous disputer les fragmens de la robe sainte, après avoir crucifié nous-mêmes cette liberté descendue sur terre à notre appel, pour nous sauver? Oh! il a fallu de bien grandes forces pour détourner ainsi de son cours une révolution puissante d'avenir, belle de promesses! Guerres, guerres sanglantes; parjures, vengeances, proscriptions, anarchie dans tous les camps, glaive en main de toutes parts, menaces sur toutes les lèvres, voilà pourtant ses fruits!!!

Dans ses heures de trève, la France jette par instans un cri de détresse et demande merci! Plusieurs fois déjà d'éloquentes paroles sont venues séparer les soldats en présence, et prévenir

ces cruelles mêlées qui nous couvrent de honte ;
— et leur voix, écoutée, a plusieurs fois déjà ralenti la funeste ardeur des partis.—Et nous aussi, dans cet espoir, après un de ces jours néfastes que l'histoire souligne d'une raie de sang, nous prenons la plume pour implorer des vainqueurs la clémence, et des vaincus la paix... Non pas que faibles conseillers de l'indifférence politique, nous voulions invoquer pour la France ce repos factice, ce fatal renoncement aux choses publiques, qui n'est trop souvent que de l'égoïsme mal entendu : le scepticisme n'a pas encore à ce point désespéré notre conscience ! Ce que nous attendons de tous les partis, c'est un dévouement à la patrie, plus éclairé, plus profitable ; ce même instinct de civisme que nous reconnaissons sous tous les drapeaux, dirigé dans de meilleures voies; la révolution pacifique au lieu de la révolution par les armes; le triomphe de l'opinion par la paix et non par la guerre ; l'initiative du gouvernement dans les moyens de conciliation et de rapprochement... En un mot, *union et oubli ! ! !*

----

S'il existait quelque part un régime politique irréprochable, absolument fondé sur la justice, toute tentative qui aurait pour but de le renverser ou seulement de l'altérer, serait sans doute,

hors les cas d'expiation déterminés par la loi, ir-
révocablement passible d'une peine juste et légitime. — En effet, le bouleversement que ferait
cette criminelle tentative, serait anti-social, et
sa répression ne ferait que garantir les principes
constitutifs de l'ordre et de la morale. L'*amnistie*
accordée dans cette hypothèse gouvernemen-
tale, serait une grâce, un pardon, puisqu'il y aurait eu forfait; or, toute grâce est humiliante,
car elle rappelle l'idée du crime commis; mais si
au contraire tous les systèmes de politique sont
plus ou moins profondément viciés, et que d'un
autre côté la pénalité dont ils ont voulu sur ce
point se faire un rempart, soit d'une énormité
révoltante, l'*amnistie* n'est plus qu'un retour aux
principes d'ordre et de justice; elle signifie générosité après la victoire; elle honore celui qui
la donne et ceux qui en profitent, car il n'y a ni
crime ni honte dans la défaite, — il n'y a que
malheur et caprice de la fortune. Les vainqueurs
et les vaincus avaient, avant le combat, des con-
victions opposées et des prétentions différentes;
chaque parti voulait le triomphe des siennes,
parce qu'il les croyait préférables.... Le sort a
prononcé; — le faible a été battu; — la justice
des deux causes ennemies a-t-elle changé de na-
ture, et de la victoire d'un principe par les armes, conclurez-vous à son excellence? Non, sans

doute ; car, avec cette logique, il ne pourrait jamais exister un seul principe qui de bon ne fût exposé à devenir mauvais, — la victoire étant inconstante, et favorisant aujourd'hui ceux qu'elle trahira demain... L'amnistie, après une victoire qui n'aura peut-être que peu de jours de durée, et sera suivie d'un revers, n'est donc que l'application de cette parole évangélique : « Ne faites » pas aux autres ce que vous ne voudriez pas qu'on » vous fît à vous-mêmes. » — « Mais, objecterez- » vous, il est dangereux, quand on a terrassé son » ennemi, de lui rendre son épée, et d'attendre » patiemment qu'il revienne au combat avec des » forces réparées : il est bon d'être généreux, cer- » tainement; mais cette génerosité ne doit pas » exposer le vainqueur à une nouvelle lutte qui » peut lui devenir funeste à son tour... » Votre raisonnement, hommes du pouvoir, est celui de la faiblesse et de l'imprévoyance... Vous avez peur, vous vous défiez du vaincu, vous lui ôtez les moyens de vous nuire; mais ses amis, mais ses parens, mais l'intérêt qui s'attache toujours aux victimes, mais l'aigreur qui naît du châtiment ou de la contrainte que vous imposez... voilà d'autres ennemis, et plus nombreux ; qui les battra une seconde fois? Vous? et avec les mêmes armes?... Prenez-y garde ; — nouvelles victimes , nouveaux adversaires, par conséquent, haine continuelle , et jamais de sécurité!!! Ah! croyez-en l'histoire, il n'est rien de si capricieux que la guerre et les peuples ; rien de plus propre à concilier les esprits, et à faire supposer beaucoup de force, qu'une attitude de générosité.

Roi des Français! la patrie est lasse de ses discordes ; elle est dans l'attente d'un meilleur sort : Vous vous êtes trouvé le plus fort devant l'émeute ; c'est à vous qu'appartient l'initiative d'une paix si désirable , — et je ne la demanderai pas en vous flattant, en dissimulant les fautes déplorables de vos ministres..... Ce n'est pas une grâce que nous sollicitons ; mais un oubli mutuel du passé , et cela franchement, sans arrière-pensée. Je ne trouverai pas non plus les partis et leurs violentes attaques excusables en tout point ; —loin de moi de justifier la révolte , hors du cas de lèse-souveraineté nationale , et ce cas ne s'est pas rencontré dans votre intention, je le crois, si on a pu le voir dans quelques-uns de vos actes. Mais à quoi bon envenimer une requête toute pacifique , par des reproches amers aux uns comme aux autres ? Tâchons plutôt de jeter un voile de paix et de conciliation sur tous ; cela convient mieux à votre cœur, cela est plus digne de la France, si noble, si grande quand elle redevient elle-même , ainsi donc AMNISTIE !

———

Jamais occasion plus belle de ramener le bonheur chez le peuple ne s'est présentée..... Aujourd'hui, après leur récente défaite, les partis
fatigués sont rentrés sous la tente, et ne combattent plus que par la presse : que le pouvoir accepte franchement cette condition nouvelle, et
se présente, comme les partis, devant la raison
publique ; elle jugera. On a su mauvais gré de
l'état de siége au ministère du 13 mars ; qu'il ne
fasse pas renouveler contre lui, après la victoire
d'Avril, les justes plaintes qui s'élevèrent alors
contre ses proscriptions inutiles ; on n'obtient
rien du peuple par la force, mais on gagne tout
par la clémence ; et c'est la clémence qu'il faut
conseiller maintenant plus que jamais à la dynastie. Dans un gouvernement basé sur la souveraineté nationale, la place est toujours glissante,
et la victoire ne légitime jamais rien. L'intérêt
de la France et du gouvernement suffiraient donc
pour nous faire à cette heure invoquer la clémence, quand la justice ne nous semblerait pas
à elle seule parler assez haut en faveur de l'*amnistie;* mais nous voulons que notre requête ne
soit pas une supplique. Les représailles ne sont
pas dangereuses aux pouvoirs établis, surtout
parce qu'elles sont ou peuvent sembler cruelles,
mais parce que, de fait, elles sont injustes. Ouvrez l'histoire, et dites-nous combien elle en ex-

cuse ; or , suivant Machiavel , qu'on a tort de ne pas regarder comme un grand politique , *l'histoire est la maîtresse des rois.*

---

La circonstance présente fait de *l'amnistie* presqu'une nécessité pour le pouvoir. Représentant du peuple , il a dû consulter ses intérêts et ses vœux : si la voix populaire était contre les vaincus d'Avril , elle n'aurait pas manqué de se faire entendre haute et claire. Lorsqu'en 1830 on jugeait au petit Luxembourg les ministres coupables de Charles X , l'émeute parcourait les rues de Paris , et faisait retentir le Palais-Royal de ses cris de vengeance : alors cependant l'émeute se prononçait d'avance contre la décision prochaine d'une autorité qu'elle respectait encore. Aujourd'hui que les mêmes cris sembleraient complaire à la volonté qui livre des accusés à la justice, sans doute pour trouver des coupables , le peuple est tranquille , et ne veut pour les vaincus ni l'échafaud ni la prison. Que veut-il?..... Comme nous..... l'amnistie!....

Quel bien peut espérer le pouvoir, de poursuites plus longues et de plus nombreux martyrs? Aucun. Et quels maux doit-il en attendre? D'irréparables pour son avenir. Son adulte légitimité n'a pas encore les reins bien sûrs, le pas très-ferme : à cet âge on trébuche aisément quand on veut oser plus que ses forces, et nous ne datons que de Juillet 1830. On ne fonde pas une victoire solide et durable en désespérant les vaincus : c'est encore l'histoire de tous les temps, et notre époque ne renouvelle en cela qu'un vieil exemple. L'état de siége a plus compromis la dynastie de Louis-Philippe que la soirée du 5 Juin, et, quel que soit le résultat du procès dont à cette heure la Chambre des Pairs ordonne les pièces, nous pouvons affirmer qu'il sera moins nuisible aux accusés qu'aux accusateurs. La France a fait pendant quinze ans son éducation de libéralisme ; elle ne pardonnera jamais au pouvoir une guerre de sang-froid contre une opinion franche, et qui n'est coupable que dans son exaltation si facile d'ailleurs à contenir. Révolutionnaires de 1825, vous nous avez élevés dans l'horreur des arrestations préventives, ne nous forcez pas aujourd'hui à vous répéter vos propres paroles comme un dur reproche ; ne nous forcez pas, ce qui pèserait à votre conscience, de comparer vos derniers actes à cette fameuse loi des suspects, contre laquelle se sont élevées tant de fois nos malédictions ! Un pouvoir entouré d'amis à ses gages, au lieu de les chercher dans la nation, où il peut en avoir de sincères, entend mal, parmi tant de voix adulatrices, les paroles d'accusation qui peuvent sourdement circuler au dehors ; les voix amies sont celles qui le gourmandent sur ses fautes, et qui, sans désespérer, lui montrent le droit chemin ; celles qui, dans un gouvernement de souveraineté populaire, redisent au pouvoir assis sur le trône les vagues rumeurs de l'opinion, les désirs inquiets de la foule ; celles qui viennent porter aux représentans du peuple les pétitions de leurs commettans. Aujourd'hui nous formulons une de ces pétitions, en ces mots : Amnistie !!! En attendant qu'on ose réclamer contre nous et nous renier notre mandat, nous le tenons comme légitime, et, le cas advenant, nous en ferons foi.

---

Pairs de France ! ne croyez pas ceux qui vous disent que dans un gouvernement issu d'une insurrection, la violence doit quelquefois consolider le règne de la justice ; ne croyez pas ceux qui, trop jaloux de vous prouver leur zèle, déclament chaque jour, de la tribune parlementaire, des paroles de fiel et de sang, et qui prétendent renouveler le gouvernement militaire dans l'ordre civil, par des lois d'exception ; ne croyez pas ces grands vengeurs de l'ordre public, qui sont dévorés de l'ambition des assauts nocturnes, et qui vous rapportent après chaque victoire de si glorieux trophées, dépouilles opimes de femmes et d'enfans ! Ces avocats et ces *états-majors* ont trop d'intérêt aux soulèvemens politiques, pour être de sages et prudens conseillers de la couronne : *parvenus* vaniteux, ils aiment à faire sentir aux autres le poids de leur grandeur nouvelle ; enrichis par *conquête*, ils tentent d'immobiliser la révolution en eux-mêmes ; et pour fermer tous les accès à d'autres qu'à eux, ils emploieront tous les moyens, le *fas* et le *nefas*; rien ne peut coûter à qui craint de tout perdre. Machiavel dit encore avec raison *qu'un des premiers devoirs du Prince est de bien choisir ses conseillers.*

---

Quel mal peut résulter de l'amnistie ? On vous crie que vous allez rendre des conspirateurs aux sociétés secrètes..... Les sociétés secrètes ne peuvent être dangereuses aux gouvernemens que lorsqu'elles sont le refuge de la véritable opinion publique ; alors rien ne peut prévaloir contre elles, vous le savez ; les vainqueurs de Juillet sortirent de ces catacombes pour marcher aux Tuileries et les prendre d'assaut : c'est la chronique de ces derniers jours. Si l'opinion n'est pas refoulée, elle ne se cache pas ; laissez-la s'exprimer librement par la presse, vous la comprendrez mieux pour pouvoir la satisfaire : les partis mourront d'eux-mêmes, la France y gagnera et vous aussi..... Que si , au contraire, les sociétés secrètes ne sont qu'une conspiration de minorités sans écho dans la nation , encore une fois laissez-les dire franchement ce qu'elles veulent : elles seront bien moins à craindre lorsqu'elles ne seront pas enveloppées dans ce mysticisme qui a toujours quelques beaux dehors pour les esprits jeunes et crédules , et désormais elles ne rallieront personne au nom de la persécution et du martyre.

Mais nous aimons mieux croire les journaux du ministère , qui célébraient si haut les funérailles des sociétés secrètes, après la loi de Mars dernier , et nous acceptons volontiers cette dispersion subite devant la menace des baïonnettes..... Alors que reste-t-il à craindre de ces sociétés dissoutes? En discorde avant la défaite , elles ne peuvent aujourd'hui se faire *parti*, elles sont rentrées dans la nation depuis que leur unité a été rompue par l'impossibilité des conciliabules. Nous pourrions ici faire un crime aux partisans de la constitution anglaise d'avoir condamné les associations , et leur demander, sur la foi de leurs promesses anciennes, pour quelle cause ils nous ont refusé tous les avantages de la politique d'outre-mer , quand ils nous en ont conservé toute la forme. En Angleterre , le gouvernement est, comme ici , sous la responsabilité ministérielle , et la représentation est partagée, comme ici, entre deux Chambres plus ou moins rivales ; les commettans sont les propriétaires du sol, ainsi que chez nous ; et quoique les droits civiques coûtent moins cher là bas qu'en France, cependant ils sont fondés sur le même principe, la *propriété*. Mais comme les intérêts de ceux qui possèdent ne sont pas toujours les intérêts de ceux qui travaillent, la loi anglaise, voulant que tous eussent leur équitable représentation, n'a pas défendu les associations et les clubs populaires. La dernière procession des *Unionistes* a témoigné de quelle bonne volonté le peuple est capable toutes les fois que le pouvoir ne le gêne pas dans l'exercice de ses droits, dont le premier est celui d'*association*.

De plus longues récriminations n'ont point ici leur place, et puisque nous n'embrassons la querelle d'aucun parti, nous devons aussi nous interdire toute apologie. Je ferai seulement remarquer en passant que c'est aux hommes violens et fanatiques de la Légitimité, de la République et de ce qu'on est convenu, je ne sais pourquoi, d'appeler *Juste-milieu,* que mes reproches s'adresseraient, mais non aux gens de conviction et d'honneur rangés sous toutes les bannières : les premiers ont enveloppé tout leur parti dans la juste aversion qui ne devrait peser que sur eux seuls,—et cela par une conséquence des travers de l'esprit humain , accoutumé à juger du particulier au général; les seconds croyant avoir embrassé, chacun de son côté , les vrais principes d'équité et de saine politique , n'ont voulu triompher de leurs adversaires que par le temps et la discussion, en sorte qu'ils se sont vus dépasser promptement, sans pouvoir mettre de frein à l'ardeur inconsidérée de quelques hommes, leurs amis pour le but , leurs ennemis pour les moyens. Que l'insurrection de Lyon ait été légitime suivant la politique ou la loi morale, nous laissons discuter cette thèse aux avocats des partis. Au moins l'association contre laquelle la dynastie de Juillet n'avait pas cru devoir sévir législativement, pendant ses trois ou quatre premières années, pouvait-elle bien se croire appuyée par la révolution , et supposer, de cette base , son droit égal à celui de la royauté. Les mitraillades de Lyon et de la rue Transnonain ont assez sévèrement, selon nous, puni cette erreur que le gouvernement pouvait regarder, il est vrai, comme audacieuse et téméraire , mais non pas , certes, comme criminelle. Maintenant que les rues ont été ensanglantées, nous demandons avec instance le repos du glaive; la fin de ce système de terreur et d'extermination. Que voulez-vous prouver par le procès intenté aux vaincus d'Avril? qu'il y avait conspiration extérieure , projet d'action délibéré? Mais voici bien des procès que vous faites à l'opinion républicaine, depuis Juillet 1830 ; voici bien des complots que vous pensez surprendre au gîte ; voici bien des débats devant toutes les cours du royaume, depuis la fameuse conspiration du Pont des Arts,—et cependant qu'avez-vous prouvé à la France ? qu'il existe réellement une opinion républicaine avec ses journaux et sa propagande, ce que chacun savait par avance, même avant Juillet ? Mais les pièces du complot, les avez-vous jamais saisies ? Le procès du coup de pistolet, et celui des élèves de l'école Polytechnique surpris entre la poudre et les balles, furent pour vous d'assez malheureuses épreuves qui auraient bien dû désespérer pour l'avenir. Les chances actuelles sont loin de vous être encore aussi favorables. L'évidence semblait alors pour vous : non pas aujourd'hui. En effet, qu'est-il arrivé ?

Une loi faite à la Chambre, contre l'association, révolte une ville d'ouvriers dont les intérêts se trouvent compromis. Quelques jours de troubles et de rumeurs précèdent la crise. La scène se passe d'abord aux portes du palais de justice, à Lyon ; une fraternité de quelques heures entre la milice et le peuple fait beaucoup espérer du lendemain. Les ouvriers commencent à murmurer plus haut; le pouvoir promet l'appui de nouvelles forces aux chefs d'ateliers. Victorieuse il y a peu de mois, l'insurrection compte sur une autre victoire; elle éclate donc de nouveau, et le canon gronde pendant huit jours. Paris inquiet attendait avec impatience l'issue du combat. Des groupes nombreux se forment le soir sur les places, inoffensifs, sans cris, sans armes; on s'interroge, on se demande, on se raconte les nouvelles; des bruits de victoire et de défaite alarment et réjouissent les opinions; M. Thiers vient porter à la tribune un cri de détresse. Cependant des bataillons de ligne et de cavalerie parcourent les rues encombrées; la foule se disperse sans grande résistance devant la force armée. Le troisième jour, enfin, une rixe survenue, on ne sait pour quelle cause, provoque un mouvement au Châtelet : quelques enfans commencent des barricades; dans la nuit du Dimanche, soixante à cent personnes se trouvent bloquées dans une rue étroite, aux environs du carré Saint-Martin; en quelques instans leur barricade est prise d'assaut : hommes, femmes, enfans, sont passés par les armes !! — Ici je n'ai point à accuser le gouvernement ou plutôt sa police, d'inhumanité imprévoyante, en laissant élever des barricades qu'un petit nombre de sergens de ville ou quelques gardes municipaux eussent facilement détruites; je n'ai mission ni de condamner ni d'absoudre, c'est à la Chambre des Pairs d'éclairer tous ces faits ; et comme elle trouvera probablement dans son impartialité, provocation et crime des deux parts, il est plus conforme aux intérêts du gouvernement de faire oublier par l'amnistie cet événement funeste, dont les détails publiés ne manqueraient pas d'éveiller plus amers tous les reproches, toutes les récriminations.

L'émeute, comme tout le monde sait, a été concentrée dans un très-petit espace, et n'a reçu d'alimens d'aucun parti ; elle était d'ailleurs sans chef reconnu, avoué des républicains comme des légitimistes, et la Chambre des Pairs n'est point parvenue à en rencontrer un seul. Où donc est cette fameuse conjuration du parti républicain, dont bientôt la trame doit nous être dénoncée ? Comment ! huit jours avant le 13 Avril, les journaux de l'opposition, même de celle dite *monarchique*, emplissaient leurs colonnes de protestations contre la loi ministérielle, et Paris demeurait tranquille, attendant les événemens ; Paris, si empressé aux émeutes ; Paris qui depuis quatre ans supporte si bien la défaite plutôt que l'inertie !!! A cette heure on se bat à Lyon pour la défense du droit *d'association*, et toutes les sociétés populaires de Dijon, de Châlons, d'Arbois, de Grenoble, de Metz, de Mâcon, etc., si fières et si menaçantes la veille, se taisent aujourd'hui quand la seconde ville du royaume proteste par les armes ! En vérité, ou le complot n'existe pas, et vous faites des coupables à votre fantaisie, ce qu'on ne peut admettre, ou le parti républicain est bien peu redoutable, puisqu'il n'a réuni dans Paris que cent hommes à l'appel ; mais alors, car de ces deux hypothèses la dernière seule est admissible, alors, disons-nous, pourquoi ces terribles menaces ? Pourquoi cette cour plénière si solennellement convoquée ? Pourquoi cette vengeance si impatiemment attendue ? Pourquoi tout ce tumulte politique de cinq mois, pour quelques imprudens presque tous restés victimes sur le pavé ? Pourquoi, surtout, cette adjonction de tous les républicains de France aux cent exaltés de Paris ? Certes, on ne peut accuser les partis d'avoir, en toute circonstance, manqué de courage, et ce n'est pas à cette cause qu'on peut attribuer leur dispersion dans les jours néfastes d'Avril..... Personne n'ignore que les membres les plus actifs du parti républicain eurent la plus grande part à notre victoire de Juillet ; et, depuis, toutes les fois que l'occasion s'est présentée, plus ou moins propice, on les a vus faire souvent preuve d'une bravoure inutile et toujours déplorable, tantôt contre les soldats du gouvernement, tantôt contre la légitimité posthume des journaux carlistes, partout où il s'agissait de braver le canon ou l'épée. Chacun sait encore que Don Pedro doit son trône autant à la valeur des républicains qu'il a recrutés à Paris, qu'au vœu des populations portugaises, fort peu soucieuses de changer de Roi. Croit-on que cette vaste armée, enrégimentée sous le drapeau des *Droits de l'Homme*, manquât réellement de courage à l'œuvre, et n'eût pour elle que la forfanterie de ses proclamations? Le parti surgirait en masse, tout prêt à relever une pareille insulte : personne d'ailleurs ne voudrait s'engager à en fournir des preuves. Quant aux légitimistes, il serait injuste de prétendre qu'ils ne savent manier que la plume ou la parole ; et sans parler des Vendéens, de ceux qui combattent pour un principe, et non des détrousseurs de diligence, nous avons été témoins plus d'une fois d'actes trop malheureux d'une funeste bravoure, dans les partisans de Henri V. La défection des partis, à l'époque qui nous occupe, est donc la réfutation complète d'une coalition entre eux contre le gouvernement, d'un complot quelconque.

Nous sommes très-éloignés de croire qu'il restât quelque chance de victoire au parti républicain, quand il fut surpris dans les affaires d'Avril ; mais dans tous les cas, la question est toujours la même : le complot est-il réel ? Si les pièces manquent à l'accusation, pourquoi s'obstiner à la poursuivre? Ne serait-il pas beaucoup plus simple, et plus convenable à la dignité de la Chambre, d'avouer le vide des dossiers, au lieu de s'exposer au ridicule d'une persécution sans résultats, avortée dans son germe?

---

Les événemens nous ont convaincus que les républicains n'étaient plus en Avril ce qu'ils furent en 1832. La défaite du Cloître Saint-Méry, l'impuissance de sa minorité, a fait comprendre à tous les gens raisonnables du parti qu'il n'y avait plus d'espoir pour eux dans la violence armée, et dès-lors ils se sont décidés pour la propagande des principes, par la voie de la presse. La liberté de la presse était un droit acquis par la révolution; ils pouvaient en user sans scrupule. Le jury, qui ne permettait au gouvernement qu'un *veto* suspensif, a le plus souvent donné gain de cause à la propagande républicaine, surtout quand elle se bornait à la censure des agens ministériels, sans toucher à la base constitutionnelle posée par la charte. Le parti républicain n'est pas coupable de la dernière émeute, elle s'est faite hors de lui, et sa conduite en cette occasion nous porte à croire que toute collision lui semblait plus contraire encore à ses propres intérêts qu'à ceux du pouvoir. Il ne faut donc pas l'en accuser : cessez donc cette inquisition sans morale et sans résultat possible. Vous voulez *fermer l'abîme des révolutions,* ne provoquez pas une révolution permanente, par des mesures de rigueur qui ne font qu'aiguillonner les partis sans les vaincre ; *ne mettez pas sans cesse la liberté en contradiction avec elle-même ;* luttez contre les principes qui vous semblent funestes, par d'autres principes que vous croyez meilleurs ; on ne force pas les consciences avec le fer du bourreau, et jamais on n'écrase dans le sang une faction qui ne tient pas à un nom propre.

Croyez-en notre augure : un nouvel ordre de choses commence pour la France, depuis que tous les partis s'expriment avec plus de franchise, et demandent à être jugés par l'opinion. Maintenant, que le pouvoir y consente, et la paix revient ; qu'il rende ses prisonniers pour premiers gages de la nouvelle alliance ; les partis ont donné leur démission, qu'il l'accepte et ne perpétue pas la discorde en l'irritant.

Dès que nous nous trouvons sur le terrain de la libre discussion, les hostilités cessent ; dès qu'il n'y a plus de partis il ne reste qu'une explication fraternelle entre gens de bon accord. Ne renouvelons pas à plaisir les cruelles années de 1830 et 1831 ; la révolution a sa logique comme toutes les choses humaines ; acceptons ses conséquences comme elles se présentent, et terminons à l'amiable toutes nos inimitiés.

———

Qu'a demandé le parti républicain dans ses journaux, depuis que le culte politique de ces quatre années a exigé tant de solutions aux nombreuses et nouvelles questions constitutionnelles? Sans doute le pouvoir n'est pas forcé de consentir à toutes les théories mises en avant par l'opinion plus ou moins spontanée de chacun ; mais ce n'est pas une raison pour que son refus, même le plus formel, se traduise par des coups de fusil ou des procès en Cour d'assises?

Ici nous ne voulons pas garantie du franc-arbitre pour les seuls républicains. Depuis que le parti carliste s'est amendé en disant avec nous : *Tout pour la France et par la France;* depuis qu'il a sacrifié la *légitimité* du droit divin des rois à la *légitimité* de la souveraineté du peuple, nous ne devons plus le considérer comme faction. Les *réformistes* se sont présentés assez nombreux et assez bons logiciens à la nouvelle Chambre, pour que nous ne puissions pas les laisser en dehors de la question constitutionnelle qui se plaide devant le pays. De quoi s'agit-il en effet dans toute la querelle des opinions? D'une plus ou moins radicale extension des droits civiques. Les noms des journaux et les couleurs qu'ils affichent, importent peu sans doute à la France, et il n'est permis à personne de supposer à la *propagande* une arrière-pensée. Aujourd'hui la discussion politique ne se fait encore qu'au nom du parti : nous avouons que c'est un mal ; mais ce mal ne date que d'un temps, et les partis eux-mêmes n'en sont pas essentiellement la cause.

En effet, le parti républicain, dans sa minorité depuis quinze ans improgressive, n'avait aucune chance d'avenir après la révolution de Juillet dont il n'avait pu s'emparer. Qui a recruté pour les journaux républicains ces nombreux partisans, dont les menaces de guerre tiennent chaque mois le pouvoir en haleine et donnent tant d'inquiétudes à la politique du dedans et du dehors ? le mécontentement de l'opinion. Qui, depuis, a fait de cette foule en désordre une armée rangée en bataille avec ses cadres remplis et ses chefs connus ? la nécessité de s'unir contre les attaques faites chaque jour par le pouvoir à la liberté de l'opinion. Quelques proclamations hasardées, presque oubliées dans le tumulte des premiers jours, signalent l'existence du germe républicain. Bientôt il a sa presse. Le pouvoir faisant chaque jour de nouveaux mécontens, d'autres feuilles viennent en aide aux premières proclamations des partis. La lutte se constitue, et chacun use de ses armes. D'où l'agression est-elle venue? Nous sommes forcés de l'avouer,—du pouvoir. Si, constant dans son principe, il eût adopté la liberté avec toutes ses conséquences révolutionnaires, nous n'en serions pas venus à ce point que deux ou trois factions se disputassent le vote du pays. Quelle qu'ait été plus tard la tendance des partis, que nous ne nous permettons pas de juger, nous ne pouvons attribuer, sinon leur naissance, du moins leur progression toujours croissante, qu'aux défections de la royauté constitutionnelle, et ces défections ne peuvent certes pas toutes être mises au compte de l'intérêt personnel; il faut mieux supposer de cette ardente jeunesse toujours si brave dans les périls, toujours si noble dans la victoire, que la foi républicaine ou carliste a jetée à l'aventure au milieu de nos discordes politiques; l'avenir prononcera sur la réalité de ces utopies; le présent doit absoudre sa conscience et respecter son dévouement sincère à la cause pour laquelle elle affronte si courageusement le martyr des bagnes et les baïonnettes de la rue Transnonain.

Il appartient au pouvoir qui a créé les partis de les dissoudre. L'expérience de l'histoire contemporaine, si nous n'avions pas les exemples anciens, suffirait pour nous convaincre qu'on n'arrive jamais à ce résultat par la force : le seul remède est un prompt retour vers les principes. L'unité, sous un gouvernement constitutionnel, doit se constituer par la liberté, sinon la liberté devient factieuse par le fait, et la résistance s'organise en face du pouvoir. Rétablissez la liberté dans ses droits acquis, les partis n'existent plus. Cette anarchie morale, civile, politique, contre laquelle s'élèvent aujourd'hui de si puissantes et de si justes doléances, ne doit pas être légèrement mise à la charge des partis : le pouvoir peut demain, s'il le veut, faire tout rentrer dans l'ordre, sans concessions, sans désaveux, en renonçant de lui-même à la guerre qu'il a provoquée, et dont il voit que, malgré ses victoires, les résultats deviennent chaque jour plus profitables aux opinions qu'il combat. Plus de cachots pour la pensée : libre elle est toujours moins funeste que muselée par la censure.

Avec la censure, vous remporterez en vain des triomphes sur la place : les partis étourdis d'abord, se relèveront quelques heures après leur chute, pour revenir plus terribles à l'assaut. Laissez-les tout écrire, et ils n'auront pas besoin de prendre les armes pour défendre leur plume : on n'est dangereux que le poignard au côté, et nous avons des lois contre la diffamation des personnes. Adoptez une grande mesure qui rende la paix et l'ordre à la France, et ne laissez pas ainsi régner la confusion des langues dans notre malheureux pays. On a fait un tel fantôme de cette liberté, qu'il est nécessaire plus que jamais de la défendre en principe pour en légitimer l'application. Nous n'en sommes pas là sans doute avec ceux qui l'ont inscrite sur leur drapeau ; et pourtant nous les voyons tous les jours reculer devant ses conséquences, sans pouvoir se rendre bien compte à eux-mêmes de leur frayeur. La liberté n'est dangereuse aux gouvernemens, que lorsqu'elle est le cri de guerre d'un peuple opprimé : quand elle règne dans un pays sous la tolérance des lois, consentie, vénérée par tous, elle n'est pas alors si dangereuse et de si horrible figure que nous le fait chaque matin l'éloquente paraphrase de la *Gazette d'Augsbourg* : la liberté *ne se suicide pas par ses excès,* comme nous le lisons dans un publiciste ; au contraire, elle se sert à elle-même de frein et de contre-poids. Le jugement du peuple ne se forme que lorsqu'il a prêté l'oreille à toutes les tribunes, et les pouvoirs mêmes ont alors beaucoup moins à craindre l'effet des dangereux entraînemens, quand un paradoxe des partis ne peut être accepté de prime-saut sans la libre discussion.

Nous ne saurions trop défendre ici les intérêts

de la liberté , plus intimes qu'on ne le pense avec ceux de la dynastie régnante. Les circonstances où nous vivons sont graves ; quelques mois de paix apparente sont loin d'être une garantie suffisante pour la sécurité future, et nous attendons davantage des mesures que nous proposons. Ceux dont l'intérêt tend à la ruine des factions doivent surtout écouter nos conseils : la liberté ne fait pas les partis ; les partis ne sont qu'une réaction de la liberté comprimée. Nous demandons au pouvoir un ordre public moins factice , des gages de paix plus réels que la force des baïonnettes ; quand il y a guerre , les partis ne cèdent que devant le nombre ; or, les secousses successives qui ont ébranlé la France depuis cinquante années , ces bizarres et incroyables fortunes des opinions les plus contraires, élevées et détrônées en si peu d'instans , prouvent assez combien la destinée militaire des partis est chose muable et précaire. N'ayons jamais trop confiance dans le sabre, puisqu'il semble que Dieu bénisse tour-à-tour tous les drapeaux.

Nous promettons, avec la liberté, la dispersion complète des partis , à ceux qui les poursuivent depuis quatre ans avec tant de zèle. Les républicains eux-mêmes ont avoué en se séparant de la royauté , qu'ils n'entendaient par le mot *république* , qu'une plus entière représentation des droits de chacun ; l'opposition ne fait autre chose chaque jour que d'invoquer une loi électorale ; la légitimité royaliste s'est convertie ; le gouvernement lui-même ne s'est pas toujours montré bien hostile à cette extension du principe d'élection, tel que le conçoivent *le National* et *la Gazette*; tous sont donc près d'un rapprochement : faites disparaître quelques noms propres, et la fusion s'opérera bientôt. Que si vous croyez à l'arrière-pensée des partis, laissez-les franchement exprimer ce qui leur reste sur le cœur : quand ils auront fait voir à tous les yeux le monstre qu'ils adorent dans les profondeurs de leur tabernacle, croyez-vous qu'ils gagnent à cette franchise plus d'admiration que d'horreur ? En les forçant aux réticences, vous donnez à penser qu'ils valent mieux que vous ne le dites; et vous, de votre côté, vous semblez avoir peur ou que vos adversaires ne parlent trop haut de vous, ou qu'ils ne parlent trop haut d'eux-mêmes. Qui peut profiter à ces mutuelles défiances ? Vous ne promettez rien de mieux à ceux qui vous mécontentent un instant, et les partis promettent plus peut-être, qu'ils ne peuvent tenir. Aussi quand au lieu de rallier à vous les déserteurs de votre cause, vous avez fait déclarer les partis coupables par devant des juges, et condamner les délinquans, l'appel qu'ils ont fait à l'opinion publique leur a concilié des partisans et bientôt des complices. Comptez les forces connues des républicains quelques mois après la défaite de Juin, et comparez leur nombre, alors si considérable, au peu de voix éparses qui s'élevèrent contre la royauté en Juillet 1830 : où sont les six mille soldats des *Droits de l'Homme,* dénoncés par M. d'Argout, lorsqu'il vint au nom du gouvernement réclamer l'appui de la Chambre contre l'émeute toujours menaçante et jamais vaincue ? Croyez-en donc nos conseils, nous vous indiquons la véritable cause de la plaie : les partis mourront d'eux-mêmes si vous ne reculez pas avec tant d'effroi devant les exigences de la liberté.

Ouvrez les prisons de la presse. Ne poursuivez plus pour une insulte, mais contentez-vous de la repousser avec mépris ; la nation est meilleure juge qu'un tribunal. Rendez à la liberté les rédacteurs du *Dauphinois,* de *la Glaneuse,* du *Peuple Souverain* de Marseille ; que M. Saint-Amant n'ait plus dans son cachot de Troyes la guillotine en perspective devant sa fenêtre, et n'expie pas aussi cruellement une page trop hardie du *Progressif;* qu'on ne lui donne pas pour unique siége la sellette fatale où la loi de sang coupe les cheveux de l'homme qui va monter à l'échafaud ; que Lionne, Marrast et tous les publicistes républicains ou légitimistes oublient leurs longs jours

de secret aux rayons d'une lumière plus vive et
plus pure ; que le pouvoir s'amende comme les
partis se sont amendés, et la concorde renaîtra
bien vite avec la liberté. Il est beau, vainqueurs,
de serrer la main à des ennemis généreux qui ne
suspecteront pas vos intentions, qui recevront
avec dignité l'amnistie que vous leur accorderez
noblement : nos jeunes républicains n'en sont
pas encore à l'âge des espoirs déçus et des ambi-
tions rentrées ; laissez-les faire, laissez-les pous-
ser la France en avant par la propagande ; leurs
doctrines sont peut-être ou peuvent sembler exa-
gérées, mais leur principe est bon, car il a pour
conséquence immédiate le progrès de la civilisa-
tion, une plus grande somme de bien être pour
les masses. Ayons plus de respect pour cette presse
libérale qui, pendant quinze années lutta si courageusement contre les erreurs de la restauration,
jusqu'au moment où les honneurs de la bataille
lui restèrent après trois jours d'assaut ; le pouvoir actuel serait encore la branche cadette dis-
grâciée, sans les proclamations du *National* et du
*Courrier français.* Puis donc que la presse oppo-
sante sera toujours la tribune des opinions que le
cens n'aura pas admises au parlement, laissons-
leur cette voie libre, et que Louis-Philippe n'oublie pas surtout quelle réprobation pesa sur ses
prédécesseurs au trône royal des Tuileries, quand

la presse indépendante fut garottée avec MM. Fontan et Magallon.

——

Amnistie ! c'est la plus sûre garantie de l'ordre nouveau, je ne me lasserai point de le répéter.... Amnistie pour tous, et les Ministres de Ham, et les républicains et les carlistes !... Sans doute il est loin de ma pensée d'engager le gouvernement à renoncer aux moyens de conservation nécessaires aux systèmes politiques après la victoire ; mais que ces moyens se bornent à être précautionnels, de répressifs et d'irritans qu'ils ont été jusqu'aujourd'hui. Les persécutions fussent-elles justes et méritées, ne peuvent que réveiller la rébellion morte. Le roi qui, jeune encore, fit briser sous ses yeux, par un noble élan d'humanité, la cage de bois du mont Saint-Michel, peut-il entendre, sans y compâtir, ce qu'on raconte des malheureux prisonniers qui meurent là-bas d'une mort lente, au milieu des brouillards de l'Océan, dévorés par les regrets de la famille et de la patrie, victimes d'une cause vaincue, mais victimes héroïques, auxquelles les vainqueurs ont eux-mêmes applaudi d'admiration ? N'est-ce donc pas assez de deux ans de supplices pour de braves ouvriers entraînés par un amour sincère de la patrie, au milieu d'une révolution manquée, eux qui croyaient se battre et vaincre comme en Juillet, parce que les mots de gloire et de légalité résonnaient comme alors? Que reprochez-vous à la république? La terreur?.... Prenez-garde qu'un jour la postérité ne vous fasse un crime d'avoir été, comme votre adversaire, impitoyable... ; et vous n'avez pas comme elle lancé quatorze armées hors de France pour combattre les dynasties, et défendre les droits des peuples.

La république n'avait que la violence pour comprimer ses ennemis au dedans, occupée qu'elle était à porter toutes ses forces à l'étranger; mais vous, gouvernans de 1830, que l'Europe a laissés faire, vous qui êtes tranquilles au dehors, grâce à votre diplomatie, n'avez-vous pas un nombre suffisant de soldats autour du trône, de gardes nationales dévouées, d'amis de la charte prêts à vous défendre, pour avoir encore à redouter quelques ennemis fanatiques dans leurs principes, tant que vous ferez du fanatisme de persécution et de force brutale? Prenez-garde aussi qu'on ne compare un jour vos proscrits et les proscrits de la république, et qu'on ne vienne à conclure contre vous par les noms plébéiens de vos suppliciés! Le présent est mauvais juge des *pouvoirs*, parce qu'il cède trop facilement à ce que la fausse politique appelle des nécessités :

l'avenir est plus impartial et plus sévère, parce qu'il est moins aveugle et plus désintéressé. Amnistie! Que peut-on craindre aujourd'hui de quelques hommes de plus dans un parti? Ne sommes-nous pas à ce point que le pouvoir compte la force de ses ennemis par le nombre des soldats rangés sous des drapeaux contraires, ou croit-il effrayer les rebelles par l'aspect des tortures et la menace du bourreau? Encore une fois, amnistie! Nous ne faisons pas une prière pour des condamnés; nous ne parlons qu'au nom de l'intérêt public. Nous voudrions voir la fin des discordes qui troublent l'unité du pays par des convulsions si fréquentes et si terribles, et nous ne croyons au retour de la paix qu'à ce prix. Qu'on nous entende et qu'on nous comprenne : nous recueillons les voix nombreuses de la foule, et nous adressons ses plaintes au pouvoir qui peut guérir les plaies, et consoler les affligés. Rien n'est stable et sûr de son lendemain tant que dure l'anarchie civile, tant que les cris de la douleur du peuple montent plus souvent vers le ciel que ses bénédictions. Le *væ victis* est un mot barbare qui ne peut se traduire dans notre langue avec toute sa rigueur latine et payenne; le *parcere subjectis* est la morale du Christ et des temps modernes. Et si jamais, ce dont Dieu protége la France, si jamais il s'élevait du milieu de nous quelque *auguste* tyran, comme ceux de l'ancienne Rome, résolu à tous les crimes pour étayer son règne d'usurpation, sa folie ne pourrait avoir que la durée d'un mauvais rêve, et désormais la nation se refuserait à signer les *laissez-passer de la justice du roi!!!* Arrière ces affreux pressentimens! Nous ne voulons que constater la force de l'opinion publique, que suivant nous on s'habitue depuis quelque temps à négliger dans les occasions graves. Pourtant, qu'on y songe; s'il peut être dit que l'opinion est la vraie souveraine, c'est en France, et de nos jours. Un pouvoir a moins à redouter maintenant le nombre des insurgés que l'indifférence de ses anciens partisans. Si le gouvernement de Juillet nie les inimitiés rares ou nombreuses qu'il s'est faites dans le pays, il a tort; et c'est un tort qui peut lui devenir funeste en l'aveuglant. S'il les avoue et n'en tient compte, c'est un esprit d'imprudence qu'on ne peut comprendre, après des exemples si récens de souverainetés découronnées; quand le canon résonne encore aux frontières de France, le canon qui vient de chasser Don Miguel, et de donner au Portugal ses cortès et la constitution.

L'amnistie doit étouffer toutes les plaintes, rassurer toutes les amitiés chancelantes, concilier toutes les récentes défections, amortir toutes les vieilles rancunes. Qu'elle sera donc belle et sublime l'initiative de la Chambre des Pairs, allant elle-même présenter au Roi une requête de paix, d'oubli mutuel, d'amnistie!!!

---

Depuis long-temps, nous le savons, un triste souvenir pèse sur le Luxembourg : souvent l'ombre de Ney, solennellement évoquée par la presse comme une sanglante prosopopée, a dû tourmenter la conscience des nobles vieillards qui y siégent, et l'inquiéter de cruels remords. Les représailles ont été sévères. Quinze années de malédictions ont ameuté l'opinion contre la Chambre des Pairs et ses jugemens. Naguère, quand les feuilles opposantes vinrent, après Juillet, mettre en doute son utilité dans le pays, et même nier sa valeur révolutionnaire, beaucoup d'accusateurs surgirent de toutes parts, et peu d'officieux amis osèrent prendre la parole pour l'absoudre. Le discrédit poursuivit l'ancienne Chambre dans la nouvelle, et quoique par instans, de cette tribune maudite, des voix éloquentes se soient élevées pour la défense de nos libertés constitutionnelles, cependant la tache de sang n'est pas encore lavée, et l'opprobre se perpétue dans les fils. Aujourd'hui, si la Chambre des Pairs le veut, sonnera l'heure de sa réhabilitation ; un seul acte suffira, si elle le veut, pour déchirer son malheureux passé, et ne plus désormais permettre à la presse de l'appeler, comme elle le fait depuis quinze ans, courtisane de tous les pouvoirs. Ce n'est pas une résistance au gouvernement que nous lui demandons, pas même une déclaration d'incompétence : chargée par la loi nouvelle de juger et de punir le complot, s'il existe, nous la supplions de solliciter la grâce, et d'intervenir elle-même, au nom du pays, pour le retour de l'ordre, de la tolérance et de la liberté. Qu'elle renouvelle les exemples stoïques des vieux Parlemens de Paris, et conseille, par une grave et prudente remontrance, le pouvoir fourvoyé. Nous applaudirons tous, et le gouvernement le premier, car tous ont commis bien des fautes ; or, le pardon amène naturellement le repentir, et surtout en France où l'on oublie tous les maux pour un bienfait.

La position actuelle de la Chambre des Pairs, sa responsabilité devant le pays, l'intérêt de ses jugemens, la gravité des événemens au milieu desquels elle se trouve chargée d'une mission si difficile, tout semble la forcer à de sérieuses réflexions sur la conduite qu'elle va suivre. Bien des chemins lui étaient ouverts : deux seuls lui restent : l'absolution préalable par une pétition d'amnistie, ou l'amnistie après la condamnation des accusés mis en cause. Dès l'abord elle eût pu

refuser le triste mandat qu'elle va bientôt exer-
cer dans toute sa plénitude ; maintenant qu'elle
l'a accepté, il ne lui reste qu'à sauver son honneur du péril.

L'acquittement des prévenus après le procès,
serait une victoire glorieuse pour les partis, et
nullement une mesure de paix générale ; car ils
seraient absous comme innocens ; or, il faut, dans
l'intérêt public, qu'on les absolve malgré une cer-
taine croyance à leur culpabilité. Il importe peu
que la Chambre des Pairs abandonne la cause
d'Avril comme mauvaise, et se désiste aujour-
d'hui d'un procès stérile et incapable des résultats qu'on se promettait. L'ordre ne gagnerait
rien à ce désaveu ; les prisons seraient encore
pleines après avoir entr'ouvert leurs portes à
quelques prévenus. Nous voulons plus : il n'y a
de salut que dans l'amnistie complète, et j'ad-
mettrai, malgré ce que j'ai dit, que l'amnistie
n'absout pas les innocens, mais les coupables.
S'il le faut, nous accuserons un instant les partis avec toute la verve des dénonciateurs stipen-
diés ; qu'importe, si chacun veut comprendre
que le bien public ne réclame pas aujourd'hui
des supplices, mais des pardons? La Chambre
des Pairs, avec la meilleure volonté pour libre-
arbitre politique, ne peut remplir dignement ce
que la France attend d'elle, en se bornant au rôle

passif d'une Cour d'assises dont le jury de bonne recrue prononcerait même l'acquittement à l'unanimité : — Qu'elle accepte la qualification d'exceptionnelle, et se conduise en effet comme une cour d'exception, en consultant moins, s'il le faut, les lois absolues de la justice civile que l'intérêt bien entendu de la chose publique. De cette façon elle conservera toujours sa dignité parlementaire ; elle sera toujours la première autorité de la France : placée plus près du trône que la Chambre des Députés, elle ne profitera de sa position supérieure que pour mieux faire parvenir aux oreilles du prince les doléances et les pétitions du peuple, dont elle sera la véritable représentation. Depuis qu'elle siége au Luxembourg, jamais elle n'eut si bonnes chances de servir le pays : l'initiative concentrée dans la Chambre des Députés, ne lui a laissé que la très-faible puissance du *veto* constitutionnel. Pour la première fois son autorité peut être souveraine ; qu'elle sache en profiter pour le bien de la patrie, pour l'absolution de son passé, pour la gloire de son avenir : qu'elle demande l'amnistie avant que le procès ne commence.

Si le jugement se poursuit, il est possible qu'enfin le pouvoir obtienne une rare condamnation ; on s'y attend assez, et même on va jusqu'à dire que les recrues patriciennes, postérieures à la révolution, n'avaient d'autre but, dans la volonté ministérielle, que la création d'une haute Cour prévotale où la majorité prévaudrait dans le sens du pouvoir. Nous ne nous faisons pas juges de cette occurrence, mais nous demandons à la Chambre haute, sur quel résultat elle ose compter en prononçant la condamnation des détenus politiques. Croit-elle voir s'éteindre les factions, séparées de quelques amis par les grilles de la Force, du mont Saint-Michel ou de Clairvaux! Comment! à Lyon, où pendant huit jours toutes les violences de la guerre civile ont promené la dévastation; à Lyon où l'émeute n'a été vaincue que par le manque de balles et de soldats; à Lyon, le parti républicain menace encore, et malgré sa défaite, que vous avez crue décisive, il reste au pouvoir assez de terreur pour qu'il précipite l'ouvrage des forts qui entourent la ville, et pour qu'il double les postes durant la nuit!!! Cet exemple est sous vos yeux, et vous pourriez croire qu'un tel parti se désespérât devant un jugement qui ne ferait que des martyrs de plus!!! Oh! non, vous n'avez pas cette confiance, et la logique vous défend de l'avoir. Bien au contraire, une condamnation ne peut que fortifier les ennemis de la dynastie régnante, car le sang et les prisons font des fanatiques, et le fanatisme a bientôt rencontré des prosélytes...

La religion du Christ, jetant la première au monde esclave, ce cri de liberté qui renversa le trône des Césars et de Jupiter, n'eût produit que des admirateurs, au lieu de partisans et d'apôtres, si la persécution ne se fût chargée d'apprendre à l'univers qu'il existait des hommes assez forts de leur conviction, assez dévoués à leurs principes pour braver la mort et les tortures.... Que prêchait le Christ? l'égalité et la paix.... Que veulent les républicains de bonne foi? l'ordre et l'égalité des droits. Le Christ allait-il par les carrefours, armé d'un glaive, exciter le peuple à la révolte et au renversement du pouvoir des Romains? Non, il rendait à César ce qu'il devait à César... Les républicains et les réformistes, j'entends ceux qui raisonnent avec conscience, patriotisme et humanité, arment-ils leurs bras contre les personnes ou contre les institutions vraiment utiles au pays? Non, certes; et si l'on rencontre, aux jours d'émeutes, quelques jeunes têtes exaspérées, criant *vengeance! aux armes! révolte!*—c'est que leur parti n'a pu les contenir; c'est qu'au lieu de les rappeler aux devoirs de tout bon citoyen, par la douceur et la persuasion, le gouvernement les a irrités, ou du moins encouragés par un trop grand déploiement de forces; c'est qu'ils se sont trompés momentanément sur le caractère progressif et non violent de la liberté ; mais leur mot d'ordre n'a jamais été *as-sassinat*, non plus que leur but *bouleversement social;* leur faute, ou, mieux, leur fatale erreur, a été de courir trop vite quand le siècle ne veut que marcher. Or, s'il n'y a eu qu'aveuglement dans cette poignée de jeunes gens qui méritent la pitié,— où donc est le crime des partis qui ne leur ont pas fourni de chefs? nulle part,—et, je le répète, leurs vœux à tous sont le bonheur de l'État, quel qu'en soit le chef, quelque nom qu'ait adopté le gouvernement, *monarchie consti-tutionnelle, république, légitimité*. Si donc vous êtes épouvantés de tendances hostiles à vos principes, que vous les croyez seuls bons et pa-triotiques, arrêtez vos ennemis par la douceur, convertissez-les par la discussion. L'homme est un grand enfant : fouettez-le, il crie, il se raidit et vous hait ; parlez-lui raison, soyez patiens, il écoute, il présente ses objections avec confiance, il approuve, il vous aime.... Et d'ailleurs, si vous condamnez, pensez-vous que la France accep-tera votre arrêt comme impartial et désintéressé. Quand Paris ayant soif du sang des ministres de Charles X, voulait impatiemment leurs têtes, vous avez refusé les coupables qu'elle attendait, et cela, vous en conviendrez, non en vertu de la réprobation attachée à la peine de mort en ma-tière politique, mais en mémoire de vos vieilles sympathies pour les hommes et pour les principes traduits à votre barre... La presse libérale redit alors tout au long l'histoire honteuse des transactions royalistes, elle compta combien parmi vous avaient fait le voyage de Gand et de Coblentz ; elle accusait fermement, et ses accusations restèrent. Aujourd'hui que dirait-elle , cette presse aigrie depuis quatre ans? Elle appelerait bien haut les noms de vos condamnés ; elle montrerait sur leurs poitrines le ruban bleu qu'ils gagnèrent dans les trois jours , en combattant pour la patrie ; puis, laissant tomber des regards de reproche amer sur les bancs où vous siégez , elle compterait un à un ceux qui d'entre vous signèrent la mort du Maréchal , votèrent les millions des émigrés et la loi du sacrilège, ceux qui furent et sont restés valets de tous les pouvoirs... Que sais-je encore ? La presse connaît trop les les mystères de la chronique moderne, pour vous épargner un seul reproche , et vous donner les honneurs de la confrontation.

---

Vous ne pouvez condamner, et quand vous le pourriez, vous ne le devez pas. Il vous est impossible d'hésiter un instant dans une circonstance où l'intérêt public et le vôtre invoquent à la fois la même solution. Puisque le gouvernement qui vous avait lui-même départi le néant, vous remet un instant sa puissance, n'acceptez cette responsabilité grave que pour signaler votre nouvelle initiative par un acte éclatant de justice et de liberté.

Amnistie ! Le gouvernement qui vous a revêtus de sa confiance, puisqu'il vous abandonne son glaive, ne pourra pas se refuser à votre requête, qui devra l'émouvoir à plus d'un titre. S'il est vrai que les Conseillers de la couronne ne vous aient choisis que pour condamner, votre prière devra davantage les surprendre et les engager à céder. Nous ne sommes pas dans un temps où la royauté peut se décréter infaillible, où les remontrances des mandataires du peuple peuvent être balancées devant un prétendu Vicariat de Dieu : le pouvoir ne peut être qu'une représentation d'une souveraineté qui n'est pas en lui, mais qu'il tient du peuple, et il doit lui sembler difficile de résister long-temps aux prières qui viennent d'en bas. Pairs de France, demandez l'amnistie ! Cette voix ne sera pas perdue, car les rumeurs tumultueuses qui sortent du chaos des opinions ne peuvent vous empêcher de la faire entendre. Invoquez la clémence : si la foule s'agite et fait quelque bruit, écoutez, écoutez bien, — ce ne sera pas le bruit des protestations, mais celui des applaudissemens.

Nous avons dit la clémence, nous devions dire la justice. En effet, examinez depuis quatre ans l'histoire de la guerre, et les conclusions des partis. Sont-ils coupables de contre-révolution? La contre-révolution est le seul crime pour lequel nous ne demanderons jamais grâce. Dans le procès qui s'instruit devant vous, et que vous pouvez prendre en exemple pour juger tous les autres, le parti républicain mis en cause peut-il être condamné par la révolution? S'il y a un parti républicain en France, c'est seulement parce qu'il y a des gens de bonne foi qui entendent la représentation nationale, l'exercice de la souveraineté du peuple, sans transactions avec le passé, sans hiérarchie civile, sans ordination de richesses et de capacités : *le mot d'ordre* du parti est *l'égalité* dans son acception la plus absolue; non, certes, *l'égalité* de Babeuf ou des niveleurs du xviie siècle, mais l'égalité suivant la constitution de 93, formulée dans la machine politique par le vote universel, et reconnue par la charte de 1830. Il est sans doute permis à l'opinion opposée d'invoquer les raisons d'une logique plus ou moins solide, contre la tendance révolutionnaire des prévenus; mais nous ne pouvons comprendre comment l'esprit de parti a pu s'aveugler à ce point que, par une répression constante, et des actes de si cruelle justice, il ait tellement irrité la contro-

verse, qu'une opinion contraire à la sienne puisse
aujourd'hui lui sembler criminelle jusqu'à méri-
ter la fusillade , et (qui sait tous les vœux !) peut-
être l'échafaud ! ! !

———

Nous sommes loin d'attribuer aux interpréta-
tions diverses du même principe , qu'on nomme
aujourd'hui *factions,* un pareil degré de crimina-
lité ; on aurait pu s'entendre aisément, si l'on
n'avait pas voulu si vite décider par la violence
ce qui pouvait s'expliquer de bon accord. Ne
peut-il pas être permis , en effet, à de pauvres
ouvriers ruinés le lendemain d'une révolution, par
le désordre inséparable de tous les troubles politiques, d'accuser, d'abord par quelques plaintes,
le gouvernement qui ne leur offre pas aussitôt
une prompte consolation à toutes leurs douleurs?
C'est ainsi que commença la querelle : bientôt
les plaintes montent plus haut , parce qu'on ré-
pond à la première remontrance par des sévices.
Encore quelque temps, et c'est à la forme constitutionnelle que l'on s'attaque. A tort ou à raison on se repent d'avoir fait ou laissé faire un
Roi ; ceux qui désirent l'avenir se nomment alors
Républicains, et ceux qui regrettent le passé, Légitimistes. La guerre est engagée ; elle dure encore. Si les partis avaient eu un intérêt person-

nel étranger aux circonstances , toutes leurs tentatives avortées se seraient faites au nom d'eux-mêmes et de propos délibéré. Au contraire, nous voyons chaque fois que c'est un cri populaire qui commence l'émeute contre le pouvoir. A Paris, c'est l'acquittement des ministres ; c'est la vue de la fleur de lys maudite ; c'est une insulte à la mémoire de Lamarque ; c'est une loi contre la presse du peuple , qui provoque en un instant l'insurrection ; à Anzin , c'est la modicité des salaires ; à Lyon , c'est la faim , et nous lisons sur le drapeau des révoltés : *vivre en travaillant ou mourir en combattant.* C'est encore la même cause qui soulève le peuple en Avril dernier. Les associations d'ouvriers étaient la seule garantie des travailleurs lyonnais contre l'arbitraire du tarif.

Or , si jamais on ne s'est battu pour une formule politique , nous devons en conclure que les hostilités n'ont jamais été d'elles-mêmes agressives et spontanées , mais au contraire amenées par les circonstances , ce qui détruit la responsabilité des partis. Nous voudrions longuement insister sur cette raison d'excuse , qui nous paraît exiger beaucoup de conséquences contraires au système d'extermination adopté par le gouvernement contre les partis ; mais nous craignons que la discussion ne nous entraîne sur un terrain étranger ;

nous la soumettons à la sagesse de la Chambre
et à sa réflexion. Dans les tumultes politiques,
les ennemis en guerre ne manquent jamais de
s'attribuer l'un à l'autre l'agression, pour se dis-
culper des suites : les jugemens de ceux qui peuvent absoudre ou condamner, doivent être dictés
par une politique plus impartiale : au-dessus de
tous les partis, ils ne doivent embrasser la cause
d'aucun.

Que si les républicains n'ont jamais fait descendre leurs cohortes dans la rue pour décider
par la force à qui désormais appartiendrait la
France, d'eux ou de la royauté, ce parti ou cette
*faction*, comme on voudra, n'est pas coupable
en corps, et l'on ne doit pas aujourd'hui com-
promettre sa cause dans un complot insensé,
qu'elle désavoue à bon droit ; car, où il n'y a pas
eu de chefs, il n'y a pas de soldats. Considérons
attentivement les événemens politiques de ces
dernières années : le pouvoir a quelquefois saisi
les pièces des conjurés ; a-t-il jamais trouvé un
mot *d'ordre ?* On s'est battu souvent, et jamais
a-t-on vu reparaître au combat les mêmes hommes, les mêmes Généraux ? A-t-on deux fois pris
les armes pour la même cause ? L'émeute est-elle
venue par hasard, un soir désigné, barricader à
l'improviste une ville tranquille et sans alarmes ?
Est-elle descendue des faubourgs, nombreuse

tout d'un coup, violente, armée, disant ce qu'elle voulait, où elle allait, nommant ses amis et ses ennemis ? Au contraire, nous voyons chaque fois le tumulte lentement s'accroître, et commencer par des chansons d'enfans pour en venir aux coups de canon. Les hommes que nous rencontrons dans la rue, prêts à se mesurer contre l'armée du pouvoir, n'ont pas de *cocarde* et de mot *d'ordre*, ils se battent parce qu'ils se plaignent à tort ou à raison, quelquefois même sans espoir de réussite, comme ces jeunes gens de la rue Transnonain, seulement pour satisfaire à leur instinct militaire, ou pour terminer plus vite, avec la joie de la vengeance, une vie de peines et d'insomnie, sous la fatalité du travail quotidien.

Le parti républicain n'existe donc que dans l'opposition systématique de la presse ; il n'est pas réel ailleurs ; — aussi toutes les tentatives inconstitutionnelles auxquelles le gouvernement a cru devoir donner le nom de complots républicains, ont-elles trouvé grâce devant le jury, qui n'a pas été quelquefois aussi indulgent pour la presse systématique : les pièces probantes ont toujours manqué aux procès des émeutes. Il en est de même des complots légitimistes. La guerre de la Vendée n'était pas autre chose qu'une insurrection du fédéralisme Breton, coupable, il est vrai, mais non du crime qu'on lui impute : les chouans ne défendaient pas la légitimité d'Henri V , mais s'aidaient des amis d'Henri V pour combattre la centralisation de Paris, dont ils ne comprennent pas l'utile dictature : je dis plus ; — en Vendée il n'y eut pas de complot avant une manifestation populaire. Où donc est cette énorme culpabilité des partis contre laquelle le journalisme ministériel provoque chaque matin si amèrement la vindicte de toutes les Cours d'assises du royaume? Nous ne voulons pas nier l'existence des associations républicaines; mais les a-t-on vraiment prises une seule fois dans le délit de rébellion? jamais. Qu'importe si les prisonniers se dénoncèrent eux-mêmes aux tribunaux en s'accusant d'un parti! le complot n'est pas dans quelques individus, mais dans la masse; dans le fait isolé, mais dans la proclamation...

Enfin nous consentons à reconnaître dans les partis tous les crimes dont on les accuse ; nous ne demandons ni clémence au gouvernement, ni justice à la Chambre. Notre requête se borne à la seule conservation des intérêts de la France, et c'est pour elle que nous devons solliciter l'amnistie. Notre conviction, comme celle de tous ceux qui ont un peu réfléchi sur les exemples du passé, est que les partis politiques ne s'engendrent pas d'eux-mêmes, et sans une cause en dehors d'eux. Cette cause, nous l'avons signalée dans le temps présent ; ce n'est pas tant chez nous l'abus du pouvoir, et ce qu'on appelle vulgairement l'arbitraire, qu'une mauvaise conduite des affaires publiques abandonnées à toutes les directions. La tolérance du ministère Dupont de l'Eure ne pouvait pas faire présager les sévices du ministère Perrier. Cette réaction de l'intempérance contre le laisser-aller, surprit d'abord, puis consterna, puis enfin irrita tous les esprits au point d'amener la scission déplorable d'aujourd'hui.

Nous croyons avoir justement défini le principe du désordre, et montré son origine, en disant plus haut que les partis n'étaient que le refoulement de l'opinion violentée. L'amnistie qui doit précéder ce retour à l'ordre, si vivement sollicité par tous les honnêtes gens, l'amnistie seule peut préparer les voies de cette nouvelle alliance. La révolution va reprendre son cours et rentrer dans son lit d'améliorations qu'elle avait quitté. Les promesses de Juillet vont s'accomplir à l'aide du travail et sous la tutelle de la paix intérieure.

---

Amnistie! Roi des Français! vous avez reçu votre couronne du peuple, et si vous le jugez coupable, au moins sachez oublier la faute en faveur du bienfait. Que si vous reculez devant les questions constitutionnelles, *à quelle portion du gouvernement représentatif appartient le droit de l'amnistie ? — Le Roi peut-il amnistier ceux que les Chambres ont condamnés ? — Peut-on amnistier avant un jugement ?* — Référez-vous-en aux Chambres, et votre bon vouloir, respectant les formes de la Constitution, sera compris par les représentans de la France, qui, seuls, ayant accepté la mission de juges, seuls doivent absoudre ou condamner. Quant aux détenus politiques traduits aux Cours d'assises depuis quatre ans, comme la raison n'admet pas de crimes politiques, nous pourrions les comprendre dans l'*amnistie*, c'est-à-dire dans cette *grâce* qui ne reconnaît pas l'existence d'une faute antérieure à elle, mais seulement d'une opinion opposée à la prédominante, qui est momentanément victorieuse ; — cependant puisqu'il y a chose jugée, qu'on appelle leur mise en liberté, *pardon* ou *amnistie*, la charte accorde au Roi le droit de faire *grâce* après la condamnation devant les juges ordinaires ; usez généreusement de ce noble privilége, Louis-Philippe, Roi des Français en vertu d'un *crime* politique, comme le définissent vos conseillers, car on ne peut nier que la révolution de Juillet ne fût devenue *crime de haute trahison* si elle eût été vaincue !!! Rappelez-vous ce mot d'un de vos aïeux : « Ce n'est pas au Roi

» de France à se venger des injures faites au Duc
d'Orléans... » —et traduisez-le ainsi avec grandeur
d'âme : « Ce n'est pas à l'élu du peuple à se ven-
» ger des insultes faites au Roi. » En effet, ce
n'est point ici une affaire d'amour-propre, mais
bien de nationalité, et les d'Orléans ont toujours
voulu rester populaires.

Si le gouvernement continuait à garder un si-
lence de haine et de répression violente, qu'au
moins la Chambre, à laquelle nous nous adressons, ne manque pas à son principe, le droit sa-
cré de pétition.

Dans tous les cas, l'amnistie, de quelque part
qu'elle vienne, nous semble la seule fin possible
de tant et de si divers embarras. Nous ne voulons
certes pas discuter à chacun sa prérogative : lorsqu'il s'agit d'ouvrir des cachots mortels aux malheureuses victimes de Juin et d'Avril ; aux Légitimistes de Ham, assez punis par une captivité
de quatre ans, et assez peu redoutables pour que
maintenant ils ne soient plus hors la loi ; aux
Vendéens qui n'ont commis d'autres crimes que
de s'être trompés dans l'interprétation des besoins
du pays, aux Républicains coupables d'un zèle
trop précipité pour la propagande et la civilisa-
tion retardée dans sa marche par la Sainte-Al-

liance, — oh! alors, et vous le comprenez tous, une décision de forme devient cruelle, puisqu'elle prolonge les supplices de tant de familles innocentes, privées de fils, de pères, de soutiens qui ne demandent pas mieux que de bénir le bienfait, quel qu'en soit l'auteur. En un mot, si la Charte a concédé au Roi le droit d'*amnistie* en quelques circonstances, et que cependant on le lui conteste dans la situation présente, qu'on se souvienne que la *raison* et l'*humanité* ont dit à tous les hommes, et avant qu'il y eût des *Chartes :* « Soyez justes et clémens, aidez-vous les uns les autres. » Si vous hésitez encore, Ministres de Louis-Philippe, convoquez au plutôt les Chambres prorogées ; l'occasion est belle pour toute justification de mauvais vouloir ; ne la laissez pas échapper comme tant d'autres : la presse attend et déjà murmure. Il ne s'agit pas seulement de vaincre ; il faut savoir user de la victoire.

Amnistie donc, encore une fois ! Il est tems de fermer les portes de Janus, et de nous donner cette paix laborieuse dont nous espérons depuis quatre années la venue et les bienheureux jours ! Il est tems de montrer à l'Europe qu'on est fort, puisqu'on n'est plus divisé ; aux partis, qu'on ne les craint plus, puisqu'on leur pardonne ; au peuple français qu'on est devenu son digne représentant, puisqu'on le traite avec confiance et générosité. Et que ce mot n'aille pas faire redresser l'amour-propre de certains prisonniers, plus occupés d'eux-mêmes que de la nation.... Un vainqueur est injuste et barbare, en maltraitant le vaincu, j'en conviens ; mais il est généreux s'il l'embrasse et lui donne la paix, car alors le vaincu peut se présenter plus tard, la tête haute et lavée d'une défaite, — le baiser de paix lui ayant rendu sa dignité première. Il n'y a donc que ceux qui gagnent à la discorde qui vous refuseront leur consentement à *l'amnistie;* mais leurs familles, mais la France, mais leurs amis l'accepteront pour eux et applaudiront. On ne doit jamais se dire assez fier et trop irrité pour ne pas consentir à cette opposition pacifique, sur laquelle repose à la fois l'ordre et la liberté du pays, opposition qui doit suffire, et désormais nous amènera le bonheur dans l'avenir le plus prochain. La conduite antérieure et la franchise du parti républicain, nous autorisent à croire le contraire de ce que ses ennemis répandent si *obligeamment* en son nom, et nous ne craignons pas d'affirmer par avance que l'amnistie trouvera les partisans de Henri V tout prêts à laisser briser leurs chaînes pour revenir enfin dans le sein de la nation, d'autant plus grande qu'elle est plus unie ; — leurs journaux nous en ont fait presque l'aveu.

Ainsi donc *amnistie !* Roi des Français, nobles

Pairs! c'est notre premier et notre dernier mot.
Le gouvernement n'a plus qu'à renvoyer ses geo-
liers, et *l'ordre* rentre dans ses droits avec sa
sœur inséparable, *la liberté;* — et l'Histoire écrira au
frontispice du règne de Louis-Philippe I*er* : *Union
et oubli !*

Puisse chaque *opinion* adopter pour devise ces
deux vers de *Voltaire :*

*Du destin qui fait tout, tel est l'arrêt cruel;*
*Si j'eusse été vaincu je serais criminel ! ! !*

et il y aura moins de *vainqueurs* superbes, de
*vaincus* découragés ! ! !

FIN.